I 12 27/1496.

ÉLOGE

DE

M. ÉTIENNE-HORMISDAS

THÉVENOT

CHEF D'ESCADRON

PEINTRE SUR VERRE ET MEMBRE TITULAIRE DE L'ACADÉMIE
DE CLERMONT,

Lu à la séance académique du 18 juin 1863

PAR

P. AIGUEPERSE

MEMBRE DE LA MÊME ACADÉMIE.

CLERMONT-FERRAND

FERDINAND THIBAUD, IMPRIMEUR-LIBRAIRE

Rue St-Genès, 8-10.

1863.

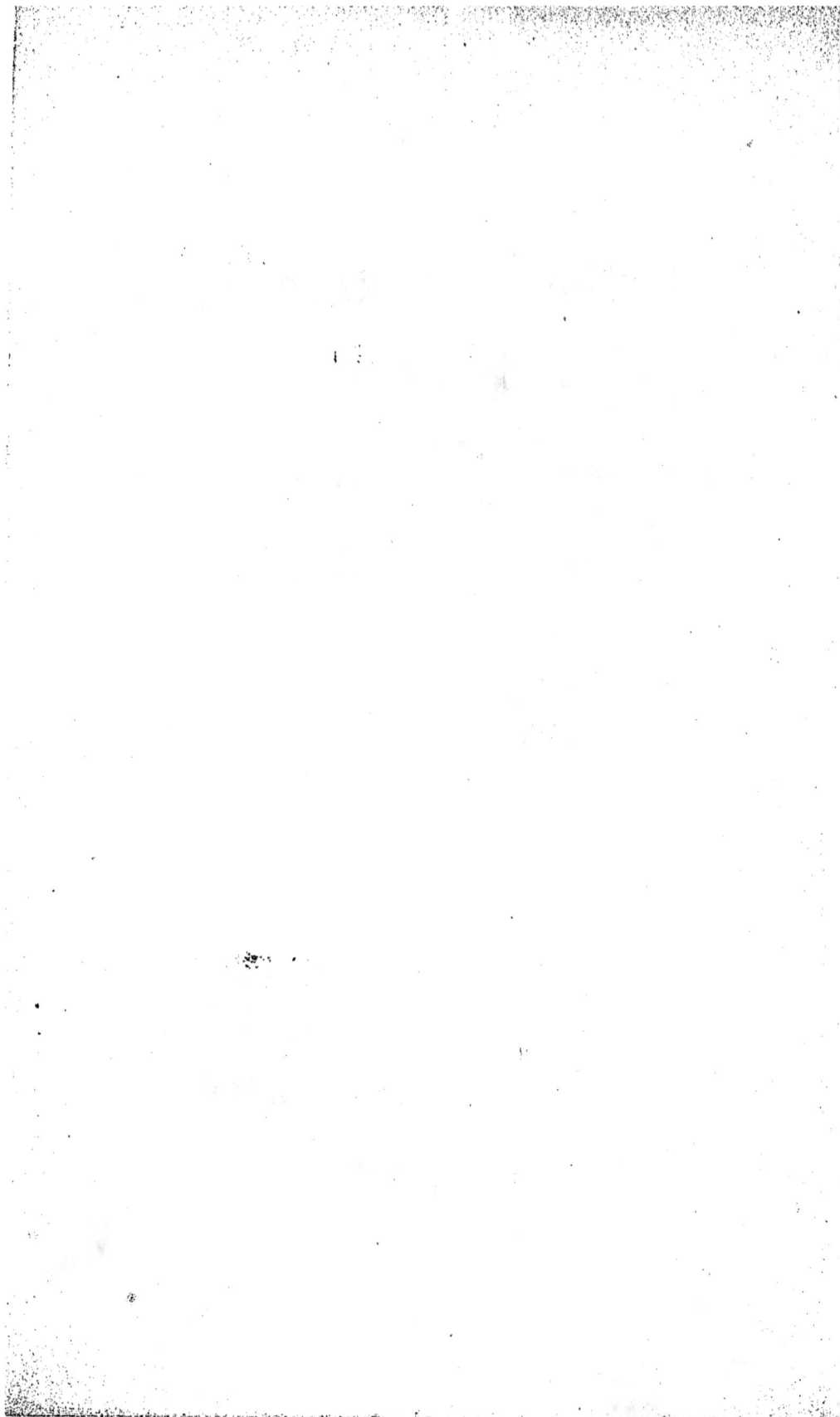

ÉLOGE

DE

M. ÉTIENNE-HORMISDAS THÉVENOT.

--- ⁓⁓⁓ ---

MESSIEURS,

Si la mort, frappant au hasard, sans distinction d'âge, de sexe et de rang, trouve toujours la foule sensible à ses coups, et fait couler ici les larmes de la tendresse, là celles de la reconnaissance et de l'amitié, quelle tristesse et quelle douleur ne doivent pas éprouver des hommes qui, depuis longtemps formés en société pour l'accomplissement d'un même devoir, pour la coopération à une même œuvre, voient tout à coup disparaître un à un les membres les plus distingués de cette seconde famille pour s'abîmer dans la tombe? Cette tristesse et cette douleur, qui mieux que nous peut dire combien elles sont vives et profondes, car qui les a plus rudement et plus cruellement ressenties? Dans l'espace de peu d'années, dix de nos collègues, remarquables par leur esprit, leur savoir, leurs talents, leurs travaux, ont été ravis à l'amour, à l'estime, à la considération que tant d'heureuses qualités leur avaient acquises de nous tous. Lizet, de Murat, Degeorge, Bertrand, Croizet, de Fréminville, Peghoux, Cohadon et Thévenot qui a clos la liste de ces élus de la mort, ne sont plus!... Mais telle fut l'impression produite en nous durant leur vie, tel est le prestige qu'ils répandent encore autour d'eux que, soit effet mystérieux de la nature, soit douce et brillante illusion du cœur, nous croirions parfois les voir assis dans cette enceinte, si la raison ne nous rappelait sans cesse à la triste et décevante réalité.

Des honneurs, Messieurs, ont été rendus à la mémoire de presque chacun d'eux, des voix éloquentes ont fait leur éloge, ont été les interprètes de nos sentiments d'affliction et de nos regrets, je n'ai donc pas à ajouter de fleurs aux couronnes déjà tressées pour leurs fronts, à proclamer de nouveau leur mérite, à montrer l'étendue de nos pertes. Que serait-ce d'ailleurs ? un faible écho répercutant inutilement ce que vous avez bien des fois entendu, ce qui résonne si haut dans vos cœurs attristés : payer le tribut d'usage à la dernière victime tombée parmi nous, raconter les phases diverses de son existence, publier les droits à la part de gloire qui lui revient de ses œuvres, telle est la tâche que vous m'avez imposée. En venant aujourd'hui la remplir malgré ses difficultés et mon impuissance à les vaincre, je compte à la fois, pour excuser ma témérité, sur votre bienveillance habituelle à mon égard, sur votre affection non encore effacée pour M. Thévenot et sur l'intérêt qu'inspire une vie pleine d'actes de vertus, de dévouement et de services rendus à la société, aux lettres et aux arts. Vous avez tous connu et apprécié l'officier supérieur, l'écrivain, l'artiste, l'homme privé; en vous le représentant avec la simplicité qui le caractérisait, avec la réserve que m'eût recommandée sa modestie, puissé-je, sinon faire applaudir le panégyriste sans talent, attirer du moins des sympathies à l'historien fidèle !...

Etienne-Hormidas THÉVENOT naquit à Montferrand le 8 août 1797. En l'absence de son père qui, dans les rangs de l'armée française, combattait pour la défense de la patrie, et qui, d'un rang subalterne, s'éleva, par sa bravoure et par son intelligence, au grade d'officier-général, sa mère et une tante lui donnèrent les soins les plus tendres et les plus assidus. Vivant sous le même toit, mues par les mêmes sentiments, l'une et l'autre dont les vertus et les qualités morales s'étaient plutôt fortifiées qu'affaiblies au milieu de l'impiété, de la corruption et des désordres de la période révolutionnaire, s'évertuèrent de bonne heure à former son esprit et son cœur. A peine eut-il quitté les langes du berceau et put-il bégayer la langue du pays, qu'elles lui apprirent à connaître Dieu, à l'aimer, à le servir, à respecter ses ministres, à devenir chrétien. La tante qui lui vouait une vive affection et s'occupait spécialement de son éducation première, exerça une très-grande influence sur son avenir. Témoin des excès de la terreur, tout en admirant le jeune héros qui, après avoir étouffé, du pommeau de son épée, l'hydre de l'anarchie, illuminait la France des rayons de sa gloire militaire, rouvrait les temples, rétablissait l'ordre, réorganisait la justice et les écoles publiques, cette pieuse fille qui avait puisé auprès des siens un attachement sincère pour les Bourbons, ne cessait chaque jour d'infiltrer, par des récits attachants, dans l'âme précoce de son neveu, son amour pour les princes proscrits et ses regrets pour une monarchie noyée dans le crime et dans le sang. L'enfant grandit donc au milieu d'une atmosphère monarchique et religieuse; les semences qui furent jetées dans son cœur y poussèrent des racines si profondes qu'il resta, durant sa vie, constamment attaché et fidèle au double enseignement de la politique et de la vertu.

Après avoir appris à lire et à écrire sous les yeux de ses parents, le jeune Thévenot, dont les dispositions paraissaient devancer l'âge, reçut, à Montferrand même, les premiers principes de la langue française et de la langue latine. Ses progrès furent si rapides, que son maître reconnaissant qu'il n'avait plus rien à lui donner, on dut le placer au lycée de Clermont pour y continuer et y terminer ses études scolaires. Là encore, stimulé par une généreuse émulation, il étonna ses professeurs par ses succès, disputant toujours les palmes rémunératrices à ses camarades les plus instruits, et leur donnant, en même temps à tous, l'exemple d'une bonne conduite, d'une douce piété et d'une grande application à ses devoirs. Ses complaisances sans bornes, son amitié franche et sincère, les rares qualités, enfin, de son esprit et de son cœur, loin d'exciter la jalousie, le rendirent au contraire l'idole de ses condisciples, dont aucun n'a jamais perdu le souvenir, et dont plusieurs conservèrent toujours avec lui des relations intimes. L'étude de l'histoire, de la géographie, des mathématiques et du latin ne suffisant pas à son ardeur et à son désir d'apprendre, il y joignit celle du dessin et de la musique instrumentale, sans se douter assurément qu'il préludait, par le premier de ces deux arts, aux jouissances, à la fortune et à la gloire qu'il devait en retirer dans les dernières années de sa vie. Ce surcroît de travail, pour lequel il avait une aptitude singulière, ne l'empêcha pas de rester un des élèves les plus forts de sa classe, et d'être reçu, avec honneur, bachelier ès-lettres le 1er septembre 1813, à seize ans, âge auquel beaucoup de jeunes gens commençaient seulement alors leurs études.

Après sa sortie du lycée, trop jeune pour prendre une décision dans le choix d'un état, choix, du reste, d'autant plus difficile à faire à cette époque, que, dans les prévisions de tous les esprits, les destinées de la France allaient se jouer sur un champ de bataille, Étienne Thévenot dut se conformer à la volonté de ses parents, qui le firent attendre en face des événements dont le dénouement ne pouvait être éloigné. En effet, après la douloureuse défaite de notre armée dans les steppes glacés de la Russie, les nuages amoncelés à l'horizon politique devenaient chaque jour plus sombres et plus menaçants. L'Europe entière coalisée, formait ses bataillons, aiguisait ses baïonnettes, et, tout à coup, elle se rua sur le sol de la France qui, malgré les prodiges de génie, de bravoure et d'audace du grand capitaine et de ses intrépides guerriers, lasse et épuisée d'hommes et d'argent, fut envahie et obligée de céder au nombre et à la force. Le soldat qui, douze ans auparavant, avait gravi victorieux les degrés du trône vide de saint Louis, les descendit vaincu pour faire place au successeur de soixante rois qui, avec une constitution libérale, apportait à son peuple le rétablissement de la paix, de l'ordre et du commerce. Cet avénement était dans les aspirations du jeune bachelier : élevé dans l'amour des Bourbons, il salua leur retour avec joie, il s'empressa, pour avoir le bonheur de les servir, d'embrasser la carrière des armes, et il obtint la faveur d'être admis, au mois de juillet 1814, dans la compagnie du comte de Noailles, en qualité de simple garde du corps. Ses jouissances ne furent malheureusement pas de longue durée.

A part quelques agitations partielles et des mécontentements individuels, suites indispensables d'un changement si subit et si grand, la France commençait à respirer, à cicatriser ses plaies, à s'habituer au nouvel ordre de choses, lorsque tout à coup, échappé de l'île d'Elbe, Bonaparte, avec les quelques braves qui l'y avaient suivi, débarqua sur les côtes de la Provence, et sur un appel fait à ses anciens compagnons d'armes, bientôt grossi de toute une armée, il s'avança rapidement vers la capitale que Louis XVIII, trop faible pour la défendre, lui abandonna sans combat, heureux, en évitant une effusion de sang inutile, de gagner sain et sauf la frontière flamande. Dans cette circonstance difficile, notre jeune garde du corps ne faillit pas à son devoir; il accompagna, prêt à mourir pour lui, son souverain jusqu'à Beauvais où il reçut l'ordre de rentrer dans ses foyers. Mais la fortune qui avait été si longtemps constante à Napoléon le trahit une seconde fois au moment où elle paraissait lui ménager de nouvelles faveurs. Après la douloureuse et mémorable bataille de Waterloo, Louis XVIII remonta sur le trône, et M. Thévenot s'empressa de reprendre le poste où le rappelaient l'honneur et la fidélité. Alors pour lui commença une ère nouvelle, car malgré la prise d'armes de 1814, sa vie réellement militaire ne date que de cette époque. Le mousquet remplaça donc les livres classiques; à une liberté sans limites succédèrent une discipline sévère, un exercice actif, une obéissance passive, une tenue officielle. Soldat par goût, par conviction politique, par amour pour son roi, il se plia sans peine à toutes les exigences de sa profession, et, quoique privé de titres nobiliaires, au milieu de tout ce que l'armée comptait de gentilshommes riches et protégés, il ne tarda pas à se faire remarquer de ses chefs par son exactitude à remplir ses devoirs, par son intelligence, son instruction et sa bienveillance envers ses camarades. Sans d'autre appui, sans d'autres recommandations que ses qualités personnelles, il parvint en quelques années à vaincre les obstacles qui paraissaient insurmontables pour son avancement dans les conditions où il était placé ; à elles seules il dut le grade de maréchal-des-logis, correspondant à celui de chef-d'escadron que lui conféra, en 1830, le roi Charles X.

La vie militaire de notre collègue, il faut l'avouer, n'offre aucun de ces épisodes émouvants, aucun de ces hauts faits d'armes qui naissent des péripéties de la guerre ; passée durant quinze ans, de 1815 à 1830 à la garde particulière de la famille royale dans les antichambres des palais des Tuileries, de Saint-Cloud, de Compiègne et de Fontainebleau, elle ne put être que paisible, dévouée, vigilante ; mais fut-elle moins digne et mérite-t-elle moins nos éloges ? Non, certes ; M. Thévenot compensa largement les lauriers du champ de bataille, qu'il n'eut jamais l'occasion de cueillir, par une bonne tenue, par une grande régularité dans son service, par des occupations sérieuses, par la pratique des vertus chrétiennes. Les principes, chez lui, passant avant tout, il conserva sous l'habit de soldat ceux qu'il avait reçus dans sa famille, et, malgré les railleries sarcastiques de ses camarades, il remplit ses devoirs de religion sans forfanterie comme sans faiblesse. Au lieu de se livrer à l'oisiveté abrutissante de la caserne ou aux plaisirs plus funestes encore que la capitale offre sans cesse à la jeunesse, il employa ses heures de loisir à lire des ouvrages sur la tactique militaire, à suivre les cours du collége de France, à fréquenter les bibliothèques publiques, à visiter les musées et les monuments, à dessiner, à faire de la musique, à chercher enfin à éclairer son esprit, à étendre ses connaissances. Cette alliance de la culture des lettres et des arts, du service militaire et des exercices de piété ne l'empêcha pas de fréquenter la bonne société qu'il aimait et où il se lia avec des personnages importants ; le comte de Chabrol, le duc de Rohan et le marquis de Villeneuve Bargemont, l'honoraient principalement de leur amitié, et lui auraient procuré des positions avantageuses s'il avait voulu renoncer à l'état militaire. Des regards tombèrent encore de plus haut sur lui : Madame la Dauphine, ayant remarqué un jour de l'an 1826, un dessin qu'il faisait étant de garde dans ses appartements, et ayant même daigné l'accepter, l'autorisa à aller dessiner à Villeneuve-l'Etang ; elle lui adressa souvent la parole quand elle l'y rencontra, et, lors de sa nomination au grade de maréchal-des-logis, elle le fit venir pour lui remettre elle-même son brevet et lui recommander de se rendre digne des bontés du roi par sa fidélité.

Telle était, en 1830, la position que sa conduite et son mérite lui avaient faite : ayant franchi les premiers obstacles dans la carrière qu'il suivait, appuyé désormais sur des protections puissantes, il voyait s'ouvrir devant lui le plus brillant avenir ; encore quelques années, et il toucherait à la réalisation de ses vœux. Hélas ! il n'était pas dans les destinées de la Providence qu'ils s'accomplissent : ils devaient faire naufrage dans un de ces revers devenus trop communs depuis trois quarts de siècle aux têtes couronnées. Qui aurait cependant pu le prévoir ? notre armée heureusement débarquée sur la plage africaine avait triomphé du dey d'Alger, détruit la piraterie barbaresque, et ajouté par la conquête un nouveau royaume à la France. Ce brillant fait d'armes semblait devoir servir à la consolidation de Charles X sur son trône et lui valoir la reconnaissance et la bénédiction de son peuple ; après une explosion de joie de courte durée, il fut au contraire le signal d'une révolte qui, après trois jours de combat, ensevelit la monarchie trop confiante en elle-même sous les pavés de la capitale et força Charles X et sa famille à gagner la terre d'exil. Dans cette déplorable catastrophe, M. Thévenot se montra tel qu'il devait être ; commis à la garde de leurs augustes personnes, pour veiller à leur sûreté, il fit partie de ce morne et imposant cortége de soldats dévoués et de serviteurs fidèles qui leur firent une pieuse escorte jusqu'à Cherbourg. Après avoir reçu leurs adieux touchants et les avoir vus, non sans verser des larmes, s'éloigner pour la troisième fois des côtes de la France, le cœur navré, ne voulant pas transiger avec sa conscience pour rester fidèle à ses convictions et à son souverain, il brisa son épée, et officier supérieur à l'âge de trente-trois ans, il renonça à une carrière qui l'aurait conduit infailliblement aux plus hauts grades de l'armée.

Après la révolution de juillet, M. Thévenot, tout en restant en dehors des faveurs du pouvoir nouveau, aurait pu se faire une position avantageuse à Paris, mais il préféra une vie modeste et il se retira à Clermont où les sympathies du cœur, la conformité de caractère, les douces pratiques de la vertu unis aux charmes de la grâce et de la beauté qu'il trouva dans Mlle du Miral, devaient le fixer pour toujours. Dans les premières années de son séjour en Auvergne, il vécut fort retiré, et, quoiqu'aimant la société, il eut le soin d'éviter les réunions envahies alors par des conversations politiques qui l'irritaient. Pour ne pas rester dans une inaction qui sans profit aurait rongé sa vie, il s'adonna avec ardeur au dessin et à la peinture pour lesquels il avait un goût particulier; et, chose singulière, un événement terrible, comme si la Providence avait voulu lui accorder une compensation aux sacrifices qu'il avait fait en renonçant à la carrière militaire, ne tarda pas à lui fournir l'occasion de révéler son talent d'artiste et de faire une profession utile de ce qui n'était qu'un délassement agréable. Le 26 juillet 1835, un de ces ouragans qui ne s'effacent jamais de la mémoire des hommes, parce qu'ils laissent après eux des traces profondes, vint, au milieu d'une journée accablante de chaleur, fondre sur Clermont et sur les environs de cette ville. Un roulement sourd et continu, semblable à celui de wagons que la vapeur entraîne sur les raill-ways à grande vitesse, jeta d'abord l'effroi dans toutes les âmes, et il fut bientôt suivi de grêlons énormes qui causèrent des dommages immenses, hachant les récoltes, brisant les arbres, blessant des hommes et tuant des animaux, faisant voler les vitres et les toitures des habitations en éclats, de telle sorte que la campagne si luxuriante peu de temps auparavant, offrait l'image du chaos, et que Clermont ressemblait à une ville après les atteintes d'un tremblement de terre ou après les désastres d'un long siége, tant le sol était jonché de débris, tant les maisons offraient d'horribles cicatrices. Rien n'avait été à l'abri de la tempête.

La Cathédrale, qui était si fière de ses riches et magnifiques vitraux dont l'avait décorée saint Louis, s'en vit en partie dépouillée. Cette perte fut plus sensible au cœur des habitants que celle qui les avait atteints eux-mêmes, parce qu'ils la regardaient comme irréparable.

Heureusement, Messieurs, et je suis fier d'avoir ici l'occasion de le dire pour l'honneur et la gloire de notre pays, il se trouva à Clermont à cette époque deux hommes que plus d'un lien avaient étroitement unis, l'un ancien garde du corps, l'autre ex-garde royal, retirés tous les deux du service pour refus de serment, tous les deux sous l'empire de la même opinion politique, tous les deux instruits, et maniant habilement, sans aucun but de spéculation, le crayon et le pinceau de l'artiste : vous avez déjà nommés, c'étaient MM. Thévenot et Émile Thibaud. Plus désolés que tous autres des dégâts causés à la Cathédrale par le fléau, ils résolurent de le réparer, et, pour arriver à leur but, pour faire revivre l'art depuis longtemps mis en oubli et négligé de la peinture sur verre, ils mirent en communauté leur intelligence, leurs talents, leurs recherches, leurs efforts. Après divers tâtonnements et essais infructueux faits dans le silence du secret, ils purent un jour s'écrier dans un transport de joie, comme Archimède : *Nous l'avons trouvé !...* Ils venaient, sans y avoir brûlé, ainsi que l'avait fait Bernard de Palissy pour ses précieuses découvertes dans la céramique, leur table et leur dernier bois de lit, ils venaient de sortir de leurs fourneaux, construits par leurs mains, des vitraux riches de couleur et répondant complétement à leur attente ; ils possédaient enfin les anciens procédés de la peinture sur verre, et, après de nouveaux essais toujours heureux, sûrs désormais de leurs succès, ils s'offrirent à rétablir les vitraux brisés de notre antique basilique, et peu de temps après l'on y contemplait des restaurations faites avec un goût et un tact qui ne laissaient de place qu'à l'admiration et à la surprise.

Il faut le constater, une véritable révolution, due à nos deux savants compatriotes, s'opéra alors dans la décoration de nos monuments religieux. Ayant établi dans la capitale de l'Au-

vergne un vaste atelier de peinture sur verre, le premier en
France depuis plusieurs siècles, si l'on en excepte celui en mi-
niature et à l'état d'essai à la manufacture royale de Sèvres,
MM. Thévenot et Thibaud imprimèrent, avec leurs seules for-
ces et leurs ressources, cet élan artistique auquel on doit ces
magnifiques vitraux qui ornent aujourd'hui, non-seulement les
grandes cathédrales de l'Europe et du monde catholique, mais
encore les plus modestes églises des petites villes et des campa-
gnes, ainsi qu'un grand nombre de monuments publics et de
demeures particulières. Ils travaillèrent quelque temps ensem-
ble avec zèle et succès; mais la nature contraire de leurs talents,
une certaine divergence dans l'exécution du dessin et de la
peinture : l'un voulant rester servilement fidèle à l'art ancien,
et l'autre s'affranchir des formes incorrectes dont cet art était le
type pour lui allier les progrès de l'art moderne, les forcèrent à
se séparer pour travailler isolément d'après leurs idées et leurs
goûts. Cette séparation, je ne crains pas de le dire, fut un bonheur, car elle produisit les plus heureux résultats, la diversité
de manière, chacun d'eux, stimulé par l'émulation, chercha à
la faire prévaloir, et mérita de partager l'admiration du monde
artistique et savant sans exciter entr'eux de jalousie et d'ani-
mosité. Pour éviter, Messieurs, d'être accusé d'injustice ou de
partialité, si j'entreprenais d'établir ici un parallèle, parce que
la présence ici de l'un de ses rivaux pourrait faire supposer que
je n'ai pas eu toute ma liberté d'action, je laisse à d'autres le
soin d'apprécier les œuvres du collègue vivant pour ne vous parler que de celles du collègue qui n'est plus.

Devenu peintre comme il s'était fait soldat, par circonstance
et par goût, M. Thévenot montra dans cette nouvelle profession une activité et un talent dont la réputation ne tarda pas à
s'étendre, et qui lui procurèrent à la fois les avantages du profit
et de la gloire. Pour vous donner une idée, sans dépasser les
bornes d'un éloge, de l'importance et du nombre des travaux
qu'il exécuta durant sa courte carrière artistique, il me suffira
de faire l'énumération de quelques-uns d'entr'eux, de citer les
lieux où ils ont été placés et les récompenses qu'ils valurent à

leur auteur. Parmi les principaux sortis de ses ateliers se trouvent ceux signés de son nom qu'on voit à Saint-Germain-l'Auxerrois et en particulier à la tribune royale de la même église, à Saint-Eustache à Paris, aux cathédrales de Bourges, de Tours, de Clermont, du Puy-en-Velay et de Troyes. M. Thévenot en plaça aussi dans les Indes, à Calcutta, en Chine, en Pologne, en Espagne, en Amérique et dans plus de cinquante départements de la France. Les récompenses et les éloges ne manquèrent pas plus à l'artiste clermontois que les nombreuses commandes. En 1838, la Société française pour la conservation des monuments lui décerna une médaille d'argent pour restauration de vitraux ; en 1839, à l'exposition de l'industrie à Paris, ses vitraux lui valurent une médaille du même métal ; en 1842, 1847, 1849 et 1858 différentes médailles, sur les rapports d'hommes compétents, lui furent aussi données, pour le concours de la Sainte-Chapelle de Paris, pour la restauration de vitraux à la cathédrale de Bourges et pour ses belles peintures sur verre envoyées à l'exposition de Limoges.

Etienne Thévenot, Messieurs, ne fut pas seulement un militaire dévoué et fidèle et un artiste distingué, il a droit aussi à des éloges comme savant et littérateur. Toujours avide de s'instruire et d'apprendre, il n'était étranger à aucune des questions importantes du jour sur l'industrie, l'économie politique, la colonisation, le régime pénitentiaire, le paupérisme, la moralisation des peuples. Ses connaissances étaient variées, étendues, solides ; l'archéologie, les beaux-arts, l'histoire, la philosophie morale, l'Écriture sainte, les Pères de l'Église, la polémique religieuse faisaient l'objet principal et presque constant de ses études. Plusieurs langues lui étaient familières, et il avait une telle aptitude à les apprendre et à les parler, que, peu de temps avant la maladie qui nous l'a enlevé, il avait commencé à lire l'hébreu, et il pensait être en état, en peu de mois, de s'en servir pour l'intelligence et l'explication de la Bible. C'est à ses talents qu'il dut la nomination de membre de l'Institut des provinces et d'inspecteur des monuments historiques du Puy-de-Dôme, dépendant du ministère de l'intérieur.

Le duc de Rohan, revêtu du cardinalat, le marquis de Villeneuve Bargemont, auteur de l'histoire des grands maîtres de
Malte, et le comte de Montalembert savaient si bien l'apprécier
et le tenaient en telle estime qu'ils l'avaient tous sollicité, le
premier de le suivre à Rome pour l'y employer utilement, le se-
cond de devenir son secrétaire et le dernier de se fixer à Paris
pour partager ses luttes et ses travaux. D'autres savants aussi
avaient cru devoir l'appeler en collaboration à des œuvres com-
munes et s'étaient plu à lier avec lui des relations intimes.
Théodore Anne, Berryer, Alexandre de Laborde, le comte
Alexis de Noailles, le duc de Lévis, le général de la Lavilette
et Huvelin, auteur des *Mémoires d'un Garde-du-Corps*, étaient
de ses amis ou de ses connaissances, et s'empressaient en toute
occasion de rendre hommage à son mérite.

Mais pourquoi invoquer de tels témoignages, quand nous
avons été chaque jour à portée de le juger nous-mêmes? quand
il a conquis parmi nous la plupart de ses titres scientifiques et
littéraires. Nommé membre de l'Académie de Clermont en
1834, il en devint le secrétaire en 1837 et il en remplit les
fonctions jusqu'en 1845. Pendant cette période de huit ans,
il assista assidûment à vos séances, il prit part à toutes les dis-
cussions importantes, il rédigea les procès-verbaux avec une
précision et une lucidité remarquable, il fit divers rapports sur les
travaux en général de la société savante pendant plusieurs années, et il enrichit vos Annales de Mémoires intéressants sur
des sujets historiques, sur l'archéologie chrétienne du moyen-
âge et sur la peinture sur verre. Ces Mémoires, écrits d'un style
concis, pur, correct, élégant, sans recherche et sans affectation,
portent tous l'empreinte d'un jugement sain, solide, conscien-
cieux. Dans les comptes-rendus des ouvrages de l'Académie, le
secrétaire-général sut toujours en faire ressortir l'importance,
et, en payant à chacun de ses collègues le tribut qui lui était dû,
il se tint à une distance égale entre la louange outrée et la critique offensante; il rendit justice à tous sans blesser personne,
et mérita ainsi pour lui-même les éloges qu'il distribuait aux
autres.

Aussi modeste que savant, maniant aussi bien la plume que le pinceau, M. Thévenot a beaucoup écrit et il a néanmoins fait peu gémir la presse. Quelque mérite que l'on trouvât à ses œuvres, il se refusait à les mettre au jour; peu lui importait la publicité, cette grande voix du m   'e, pourvu qu'il eût la conscience d'avoir rempli un devoir et qu'il eût la satisfaction de lui-même. A part ce que l'on trouve dans les Annales, nous ne connaissons imprimés de lui que 1º. *Recherches historiques sur la cathédrale de Clermont, suivies d'un plan de restauration*, br. in-8º, en 1836; 2º. *Essai historique sur le vitrail, ou observations historiques et critiques sur l'art de la peinture sur verre considérée dans ses rapports avec la décoration des monuments religieux, depuis sa naissance au* XIIº *siècle jusqu'au* XIXº *inclusivement;* br. in-8º publiée en 1837; 3º. *Discours sur les bienfaits du catholicisme*, prononcé à l'ouverture du Cercle catholique à Clermont en 1844. Ces opuscules et un grand nombre de rapports, de discours et de mémoires laissés manuscrits et, par conséquent, perdus pour nous et pour les sciences, révèlent, de la part de leur auteur, de fortes études, des connaissances étendues, une grande profondeur d'idées, un esprit droit et judicieux, une plume exercée et facile.

Pour compléter la vie de l'officier supérieur, de l'artiste et du savant, il me reste, Messieurs, à vous parler de celle du citoyen et de l'homme privé : quoique plus modeste, cette partie n'est pas la moins importante; elle nous fait apprécier notre collègue à sa valeur réelle, en nous le montrant sans apparat, sans costume officiel, sans tenue de commande, en nous initiant à sa nature intime, à ses mœurs, à ses goûts, à ses actes de chaque jour. Dès ses premiers pas dans la voie civile, M. Thévenot fit pressentir ce que la société devait attendre de lui. Quoique ennemi des honneurs attachés aux emplois, il accepta ceux qui étaient gratuits quand il vit du bien à faire, quand il put s'y rendre utile à son pays et à ses semblables; c'est ainsi qu'on le trouve à la tête de toutes les œuvres sérieuses : nommé conservateur des monuments historiques du Puy-de-Dôme, il mit ses soins à visiter minutieusement ceux qui étaient dignes d'intérêt, il les signala au ministère de l'intérieur, et il obtint des fonds considérables pour l'entretien ou la restauration de quelques-uns d'entr'eux. Pendant plusieurs années, il consacra, malgré ses occupations particulières, de longues heures chaque semaine à la Caisse d'épargne de Clermont dont il fut un des administrateurs les plus éclairés : membre de la Société de Saint-Vincent-de-Paul, il ne se contenta pas d'assister le dimanche à ses Conférences et d'y apporter sa cotisation hebdomadaire; il visita lui-même les pauvres de sa circonscription, s'informant de leurs besoins et ne les quittant jamais sans avoir allégé leur misère et leur avoir adressé des conseils pleins de sagesse et de piété; directeur de la fabrique de Notre-Dame-du-Port, il en tint quinze ans la comptabilité avec un scrupule et un zèle au-dessus de tout éloge; il fonda le Cercle catholique à Clermont dans le but d'y faire des Conférences religieuses et littéraires; il présida le Rosaire vivant, et contribua puissamment au succès de la loterie du curé d'Ars dont le bénéfice devait servir à la construction d'une église.

Pour bien connaître M. Thévenot comme homme privé, il fallait vivre dans son intimité, obtenir sa confiance, le trouver les coudées franches, dans sa liberté d'humeur et d'esprit, oh! alors, il était tout autre qu'il se montrait habituellement; dans les tête-à-tête d'amis et dans ces réunions où régnait une communauté de sentiments de politesse et de manières, il quittait son air de tous les jours, il laissait à la porte en entrant son extérieur raide et froid, son langage sobre et réservé, pour être expansif, enjoué, prévenant, aimable; beau danseur et excellent musicien, il allait quelquefois jusqu'à se prêter aux plaisirs et aux amusements qu'on réclamait de sa complaisance; dans sa conversation, toujours en garde contre les hommes et les choses, il bannissait la critique et la moquerie, quand elles pouvaient porter atteinte à la réputation; s'entretenait-il de sujets utiles ou intéressants, de littérature, de science, d'art, de religion, de politique, il le faisait sans prétention et sans pédantisme, exposant ses raisons avec calme, combattant ses adversaires sans aigreur, et s'effaçant parfois pour laisser bril-

ler leur esprit et leurs connaissances ; était-il amené dans la
voie des causeries moins sérieuses, il tirait de sa mémoire une
foule de traits heureux, de reparties spirituelles, d'anecdotes
plaisantes, de souvenirs pleins de charmes sur Paris, sur la
cour, sur ses camarades, sur diverses circonstances de sa vie
de soldat et d'artiste.

Que de belles et nobles qualités M. Thévenot ne réunit-il
pas encore et quel droit ne lui donnent-elles pas à nos éloges !
Royaliste sincèrement dévoué à la famille de la branche aînée
des Bourbons, contrairement à ces hommes sans caractère et
sans conviction qui s'empressent de tourner le dos au soleil qui
se couche pour adorer celui qui se lève, il refusa, après 1830,
de servir le pouvoir nouveau et sut résister pendant tout le
cours de son existence aux séductions de l'intérêt, des honneurs
et de la gloire, afin de rester fidèle à ses sentiments politiques,
à son devoir, à sa conscience ; époux et père, il fut tendre,
bon, doux, caressant, plein de prévenances ; son union avec
Mlle du Miral fut constamment sans nuages ; leurs goûts, leurs
penchants, leur désir de faire du bien, semblaient n'émaner
que du même cœur et de la même âme ; élevé dès son enfance
dans les principes d'une solide piété, il remplit à toutes les
époques de sa vie ses devoirs religieux avec une régularité édi-
fiante, il ne laissa jamais échapper une occasion de propager
les saines doctrines du christianisme et de lutter contre la fausse
morale et l'impiété ; dans ses ateliers, il fut plutôt l'ami et le
père de ses ouvriers que leur maître, s'entretenant familièrement
avec eux, leur distribuant à tous le travail de chaque jour,
suivant leurs capacités, les initiant sans réticence aux secrets de
son art, encourageant et réprimandant à propos ceux qui le mé-
ritaient ; ennemi du mensonge et des subterfuges, il écartait
sans cesse tout ce qui devait faire ombre à la vérité ; son amitié,
s'il la donnait, était franche, sincère, dévouée. Quoique sensible aux affronts qu'on lui faisait, aux injustices dont il était
victime, il avait garde d'user de représailles ; il n'oubliait pas
mais il pardonnait, car il ne connaissait ni la haine ni la ven-
geance ; si parfois des orages grondaient dans son cœur, sa

piété savait les refouler aussitôt au dehors et lui donner facilement la victoire.

Voilà, Messieurs, ce qu'il m'a été permis de recueillir sur notre collègue, sur ses actes, ses travaux, son caractère; sa vie fut couronnée par une fin digne d'elle. Atteint inopinément vers la fin de septembre 1862 d'une maladie dont la médecine désespéra de triompher, M. Thévenot, calme au milieu de cruelles souffrances, après avoir reçu les embrassements de sa femme en pleurs, qui, hélas! devait peu tarder à le suivre, et donné ses derniers avis à sa famille, héritière de ses bienfaits et de ses vertus, mourut le 12 octobre de la même année, en chrétien fervent et avec la résignation d'un sage. A la nouvelle de cette perte inattendue, la douleur et les regrets furent unanimes dans les classes pauvres et riches de notre ville, et ils étaient justifiés par la grandeur de son âme, par l'élévation de son esprit, par sa conduite soutenue. Austérité de mœurs, simplicité de goûts, distinction de manières, politesse exquise, justesse et équité de jugement, bonté de cœur, charité ardente, mais réglée, amour du bien, attachement à son pays, sincérité de sentiments religieux, soin de la dignité d'homme, admiration du beau, esprit indulgent, M. Thévenot eut toutes ces qualités, et on les trouve chez lui à ses premiers et à ses derniers pas dans les diverses carrières qu'il a parcourues.

Clermont, typ. Ferdinand Thibaud.

www.ingramcontent.com/pod-product-compliance
Lightning Source LLC
Chambersburg PA
CBHW070756280326
41934CB00011B/2952